Impressum
Verlag: BABADADA GmbH, Nedderfeld 112 , 22529 Hamburg
Geschäftsführer / Verlagsleitung: Harald Hof
Druck: Books on Demand GmbH, In de Tarpen 42, 22848 Norderstedt

Imprint
Publisher: BABADADA GmbH, Nedderfeld 112 , 22529 Hamburg, Germany
Managing Director / Publishing direction: Harald Hof
Print: Books on Demand GmbH, In de Tarpen 42, 22848 Norderstedt, Germany

ښوونځی
škola

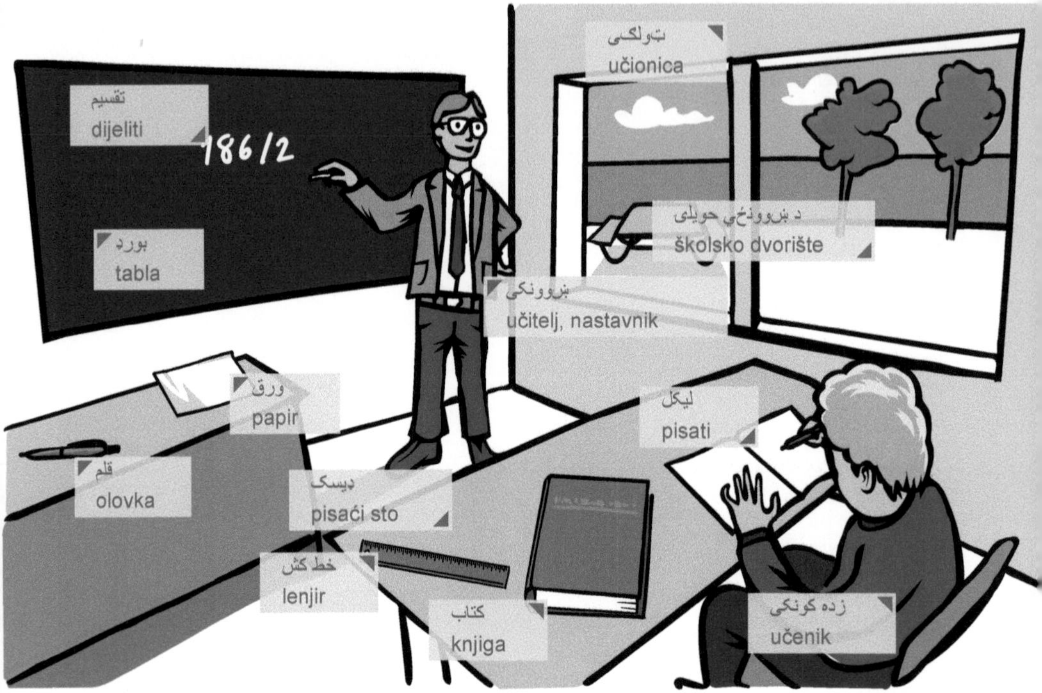

تقسیم
dijeliti
186/2
بورډ
tabla
ټولګی
učionica
د ښوونځي حويلی
školsko dvorište
ښوونکی
učitelj, nastavnik
ورق
papir
لیکل
pisati
قلم
olovka
ډیسک
pisaći sto
خط کش
lenjir
کتاب
knjiga
زده کونکی
učenik

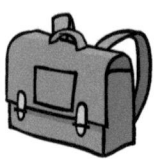

کڅوړه

torba

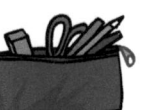

د پنسل بکسه

pernica

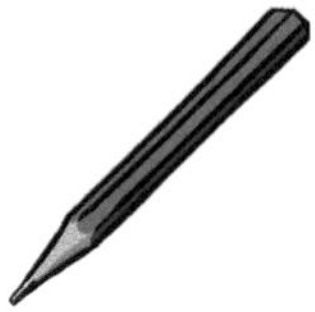

پنسل

drvena olovka

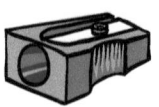

پنسل تراش

šiljalo za olovke

ربړ

gumica

د رسامۍ پاڼه

blok za crtanje

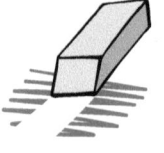

رسامي

crtež

د نقاشی برس

kist

د نقاشی بکس

kutija s bojama

قیچي

makaze

سریښ

ljepilo

د تمرین کتاب

vježbanka

کورنۍ دنده

domaća zadaća

12

شمیر

broj

2+2

جمع

sabirati

5-2

منفي

oduzimati

2×2

ضرب

množiti

حساب

računati

A

توری

slovo

ABCDEFG
HIJKLMN
OPQRSTU
VWXYZ

الفبا

abeceda

hello

کلمه

riječ

متن

tekst

لوستل

čitati

تباشیر

kreda

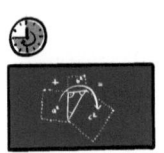

درس

sat

راجستر

školski dnevnik

ازموینه

ispit

تصدیق پاڼه

svjedočanstvo

د ښوونځي یونیفارم

školska uniforma

تعلیم

izobrazba

دایره المعارف

leksikon

پوهنتون

univerzitet

مایکروسکوپ

mikroskop

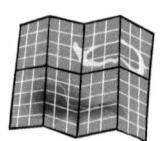

نقشه

karta

اشغالدانی

korpa za papir

ښوونځی - škola

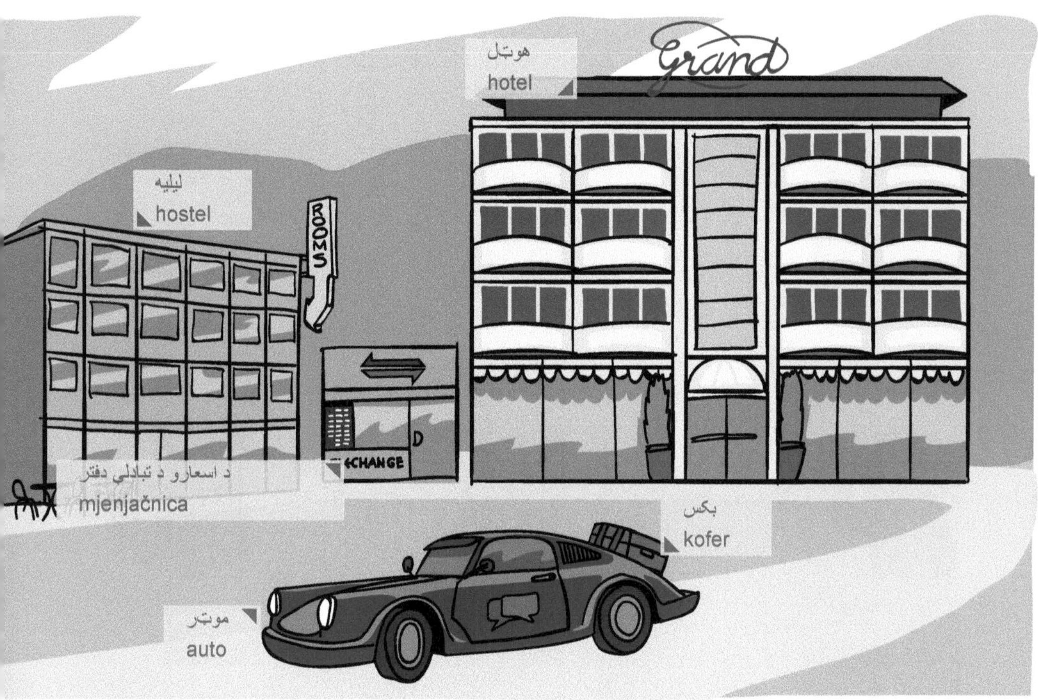

هوټل
hotel

لیلیه
hostel

د اسعارو د تبادلي دفتر
mjenjačnica

بکس
kofer

موټر
auto

ژبه
jezik

هو/نه
da / ne

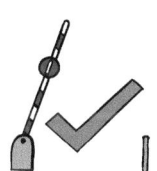

سمه ده
okej

سلام
zdravo

ژباړونکی
tumač

مننه
hvala

څومره دي...؟

Koliko košta...?

زه نه پوهيږم

Ne razumijem

ستونزه

problem

مازيـام مو پخير!

dobro veče!

سهار په خير!

Dobro jutro!

شپه په خير!

Laku noć!

په مخه مو ښه

doviđenja

لارښود

smjer

سامان

prtljag

بيگ

torba

شاتنی بکس

ruksak

ميلمه

gost

خونه

soba

د خوب کڅوره

vreća za spavanje

خيمه

šator

د توریزم معلومات

turističke informacije

ساحل

plaža

کریدیت کارت

kreditna kartica

ناری

doručak

د غرمی خواړه

ručak

د شپې خواړه

večera

تیکټ

putna karta

لفټ

lift

مهر

poštanska markica

پوله

granica

ګمرک

carina

سفارت

ambasada

ویزه

viza

پاسپورت

pasoš

ټرانسپورټ
transport

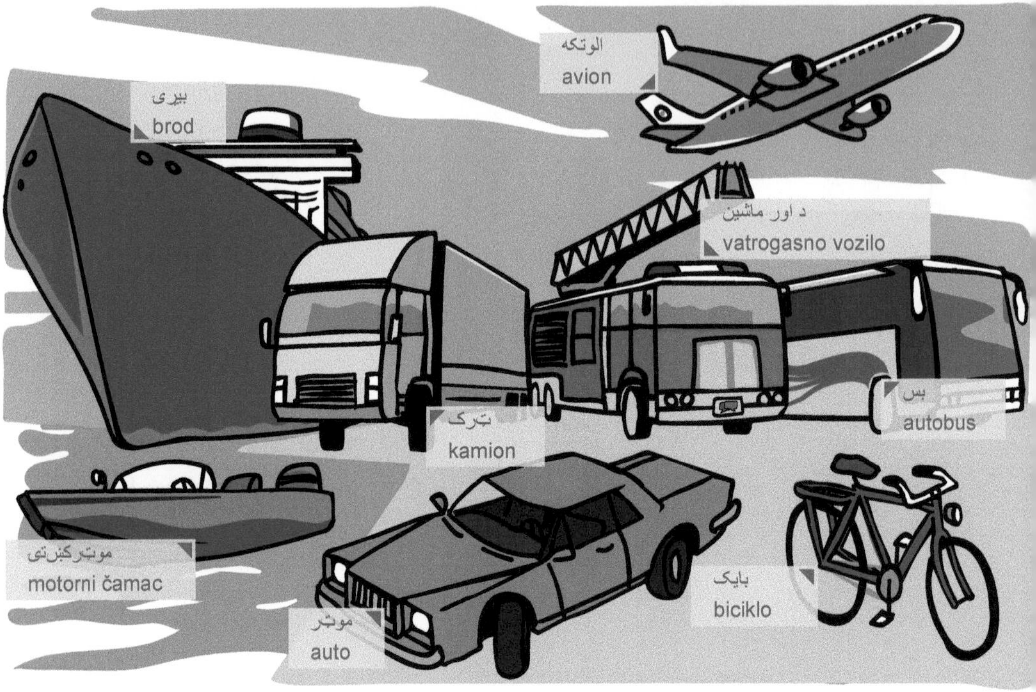

الوتکه
avion
بیړۍ
brod
د اور ماشین
vatrogasno vozilo
بس
autobus
ټرک
kamion
موټرکښتۍ
motorni čamac
بایک
biciklo
موټر
auto

کښتۍ

trajekt

کښتۍ

brod

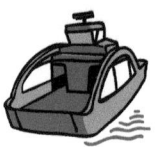

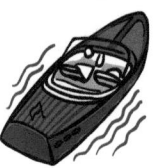

موټرسایکل

motocikl

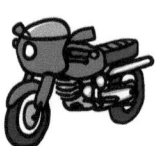

د پولیسو موټر

policijski automobil

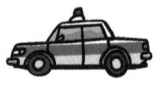

د ریس موټر

trkaći automobil

کرایي موټر

unajmljeni automobil

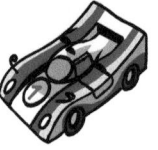

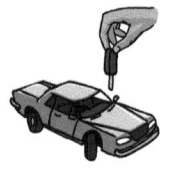

د کرایه موټری

kar-šering

جرثقيل لرونکی ټرک

pauk

ريفيوز ټرک

smećarsko vozilo

موټر

motor

سونګ توکي

gorivo

پټرول سټيشن

benzinska pumpa

ترافيکي نښه

saobraćajni znak

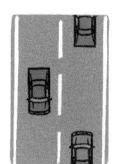

ترافيک

saobraćaj

جام ترافيک

zastoj

د موټرو ټمځای

parking

د ريل سټيشن

željeznička stanica

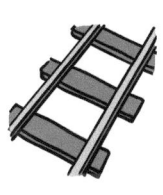

پاټکي

šine

ريل

voz

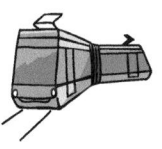

ټرام

tramvaj

واګون

vagon

چورلکه

helikopter

هوايي ډگر

aerodrom

برج

toranj

مسافر

putnik

كانتينر

kontejner

كارتون

karton

كارت

tačke

ټوكرى

korpa

الوتنه كول/كښېناستل

poletjeti / sletjeti

بنـار

grad

كلى

selo

د بنـار مركز

centar grada

كور

kuća

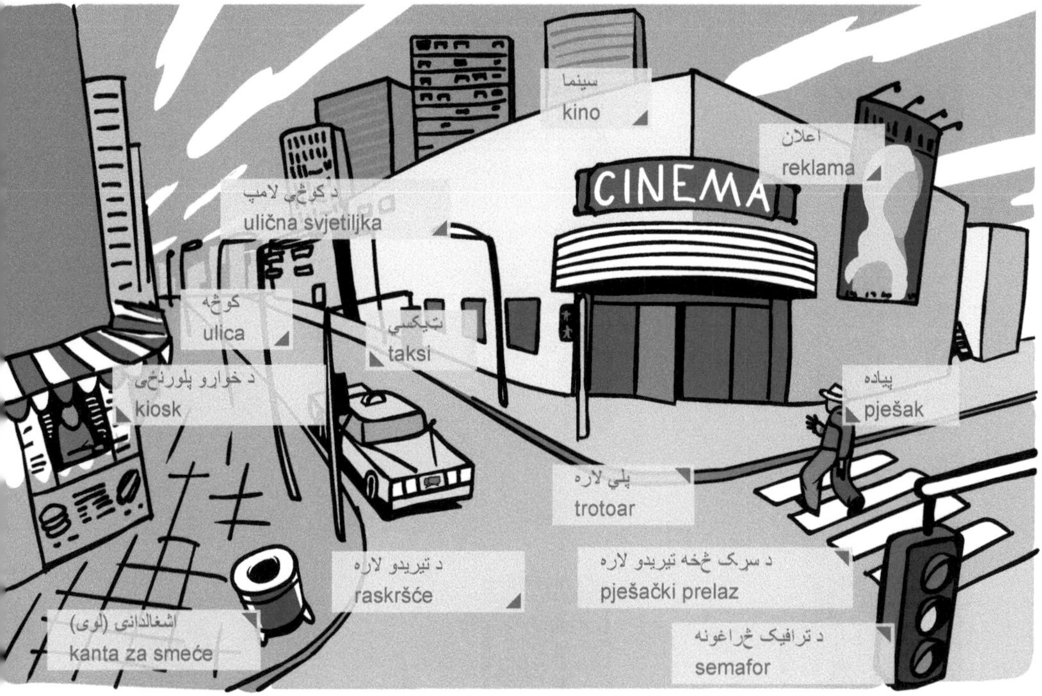

CINEMA
سینما
kino
اعلان
reklama
د کوڅې لامپ
ulična svjetiljka
کوڅه
ulica
ټیکسي
taksi
د خوارو پلورنځی
kiosk
پیاده
pješak
پلي لاره
trotoar
د تیریدو لاره
raskršće
د سرک څخه تیریدو لاره
pješački prelaz
اشغالدانی (لوی)
kanta za smeće
د ترافیک څراغونه
semafor

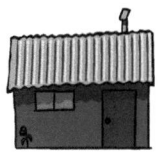

کودله

koliba

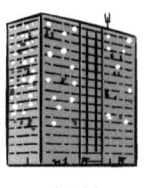

اپارتمان

stan

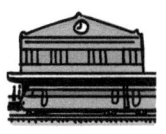

د ریل سټیشن

željeznička stanica

ټاون هال

vjećnica

MUSEUM

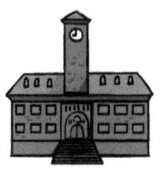

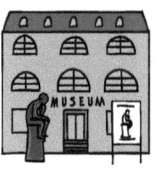

میوزیم

muzej

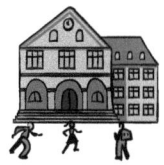

ښوونځی

škola

پوهنتون

univerzitet

بانک

banka

روغتون

bolnica

هوټل

hotel

درملتون

apoteka

دفتر

ured

کتاب پلورنځی

knjižara

پلورنځی

radnja

د ګلانو پلورنځی

cvjećara

لوی پلورنځی

supermarket

مارکیت

pijaca

د ډیپارټمنټ سټور

robna kuća

کب پلورنځی

prodavač ribe

د پلور مرکز

trgovački centar

لنګرتون

luka

پارک

park

بينچ

klupa

پل

most

زينه

stepenice

د خُمکي لاندي

podzemna željeznica

تونل

tunel

بس تمځای

autobuska stanica

بار

bar

ريستورانت

restoran

پوست بکس

poštanski sandučić

د کوڅي نښه

saobraćajni znak

د پارک کولو ميتر

sat za naplatu parkinga

ژوبڼ

zoološki vrt

د لامبو حوض

bazen

مسجد

džamija

کروندہ
....
seosko imanje

ناپاکي
....
zagađenje okoline

هدیره
....
groblje

چرچ
....
crkva

د لوبو دگر
....
igralište

معبد/کلیسا
....
hram

منظره

krajolik

پانه
list

د لارښوونی تښه
putokaz

لاره
putokaz

چمن
livada

کانی
kamen

ونه
drvo

هیکر
putnik

سیند
rijeka

واښه
trava

ګل
cvijet

دره
....
dolina

غوندی
....
brdo

ناور
....
jezero

خنګل
....
šuma

دشته
....
pustinja

اورشیندی
....
vulkan

کلا
....
dvorac

رنګین کمان
....
duga

مرخیري
....
gljiva

پلم ونه
....
palma

ماشي
....
komarac

الوتل
....
muha

میږی
....
mrav

مچی
....
pčela

غوندډ/جو لا
....
pauk

كونگكت

buba

چونگبنه

žaba

نولی

vjeverica

زیریکی

jež

سوی

zec

كونگ

sova

مرغی

ptica

قازه

labud

نرخوگ

divlja svinja

هوسی

jelen

گاوزه

los

بند

brana

بادي توربين

vjetrenjača

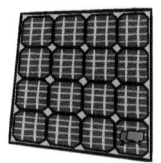

سولر تختی

solarni modul

اقلیم

klima

ريسټورانټ

restoran

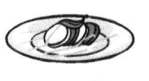

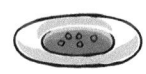

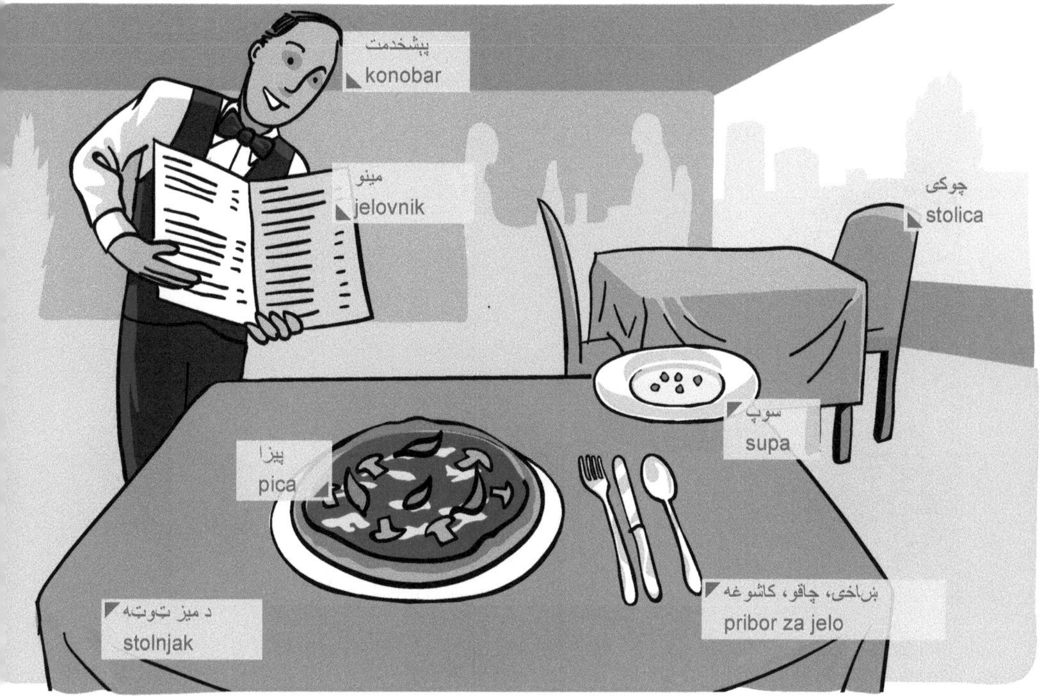
پيشخدمت
konobar
مينو
jelovnik
چوکۍ
stolica
سوپ
supa
پيزا
pica
ښاخې، چاقو، کاشوغه
pribor za jelo
د ميز ټوټه
stolnjak

سټارټر

....

predjelo

اصلي خواړه

....

glavno jelo

شيريني

....

desert

څښاک

....

piće

خواړه

....

jelo

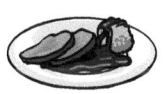

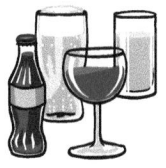

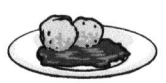

بوتل

....

flaša

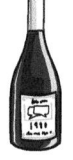

فاست فود

brza hrana

د کوڅي خواره

jelo sa ulice

چای جوش

čajnik

قندانی

šećernica

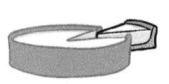

برخه

porcija

اسپرسو مشین

mašina za espreso

لوړه چوکی

barska stolica

رسید

račun

مجمه

tacna

چاکو

nož

پنجه

viljuška

قاشق

kašika

چای قاشق

kašičica

سورویت

salveta

ګلاس

čaša

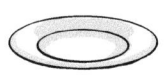

پلیټ

tanjir

د سوپ پلیټ

tanjir za supu

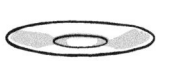

نالیکی

tanjurić

ساس

sos

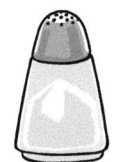

مالګه شیندونکی

solanik

د مرچ ټکولو لوخی

mlin za biber

سرکه

sirće

غوري

ulje

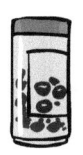

مساله

začini

کچ اپ

kečap

ثرشم

senf

چکه

majoneza

لوی پلورنځی

supermarket

خانګړی وړاندیز
ponuda
FOR
پیرودونکی
klijent
لبنیات
mliječni proizvodi
میوه
voće
لاسي ګرځ
kolica za kupovinu

BUTCHERS

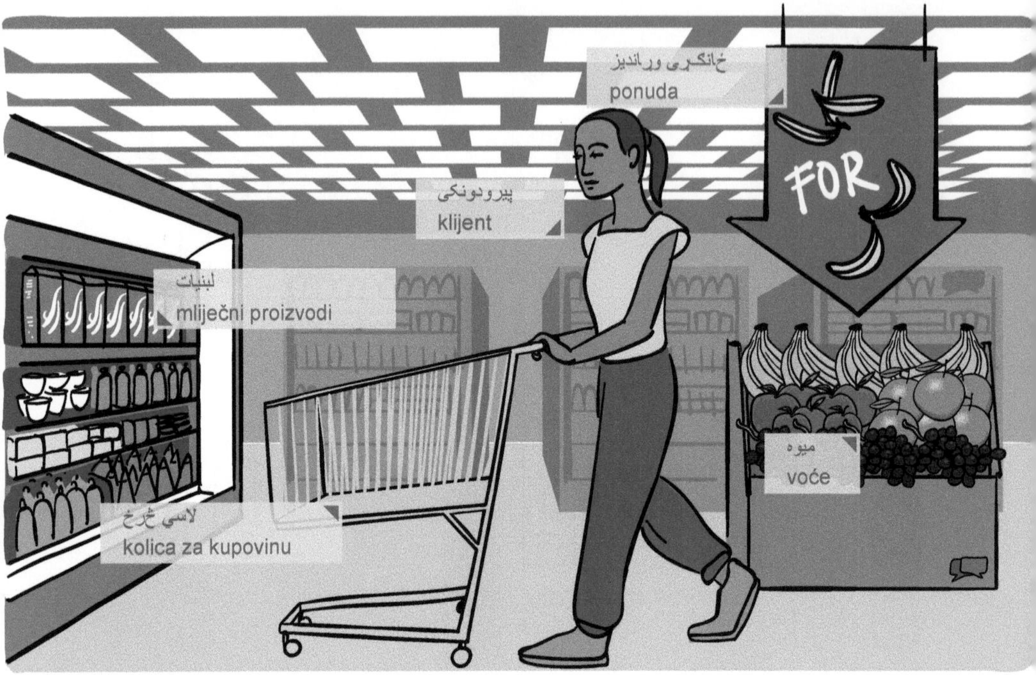

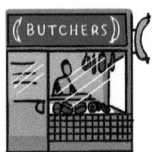

قصابي

mesnica- klaonica

BAKERY

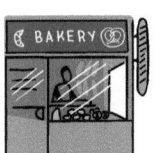

نانوایی

pekara

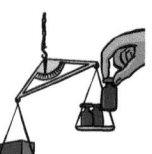

وزن کول

vagati

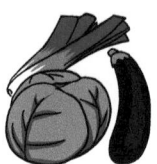

سبزیجات

povrće

غوښه

meso

کنګل خواړه

zaleđena hrana

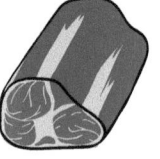

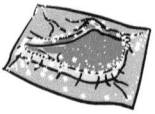

یخه غوښه

narezak

کنسروا خواره

konzerve

د مینځلو پوډر

prašak za veš

ښیرینی

slatkiši

کورني تولیدات

kućanski proizvodi

د پاکولو محصولات

sredstvo za čišćenje

د پلور فرد

prodavačica

د نغدي راجستر

kasa

صراف

blagajnik

د پیرود لیست

lista za kupovinu

کاري ساعتونه

radno vrijeme

بټوه

novčanik

کریډیټ کارت

kreditna kartica

کڅوړه

torba

پلاستیک کڅوړه

najlonska vrećica

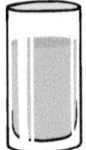

اوبه

voda

جوس

sok

شیده

mlijeko

کوک

kola

واین

vino

بیر

pivo

الکول

alkohol

ککاو

kakao

چای

čaj

کافي

kafa

اسپرسو

espreso

کپچینو

kapućino

كيله

banana

مڼه

jabuka

نارنج

narandža

هندوانه

lubenica

ليمو

limun

كـازره

mrkva

هوږه

bijeli luk

بانكس

bambus

پياز

crveni luk

مرخيړي

gljiva

چغزى

orašasti plodovi

آش

pasta

سپیکتي

špagete

وریجی

riža

سلاد

salata

چیپس

pomfrit

سره کري کچالو

pečeni krompir

پیزا

pica

همبرګر

hamburger

ساندویچ

sendvič

کتره

šnicla

د پتون غوښه

šunka

سلمي

kobasica

ساسچ

kobasica

چرګ

kokoš

روست

pečenje

کب

riba

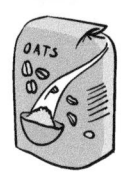

د وربشی شیرنی

zobene pahuljice

موسلي

muzli

د جوار پلی

kornfleks

اوړه

brašno

کروسانت

kroason

د ډوډۍ رول

zemičke

ډوډۍ

kruh

ټوسټ

tost

بسکیټ

keksi

کوچ

maslac

چکه

svježi sir

کیک

kolač

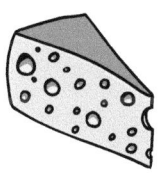

هګۍ

jaje

پیښي هګۍ

jaje na oko

پنیر

sir

آيس كريم

sladoled

بوره

šećer

شهد

med

مربا

marmelada

نوگات كريم

nugat krema

كوركمان

kuri

کرونده

seosko imanje

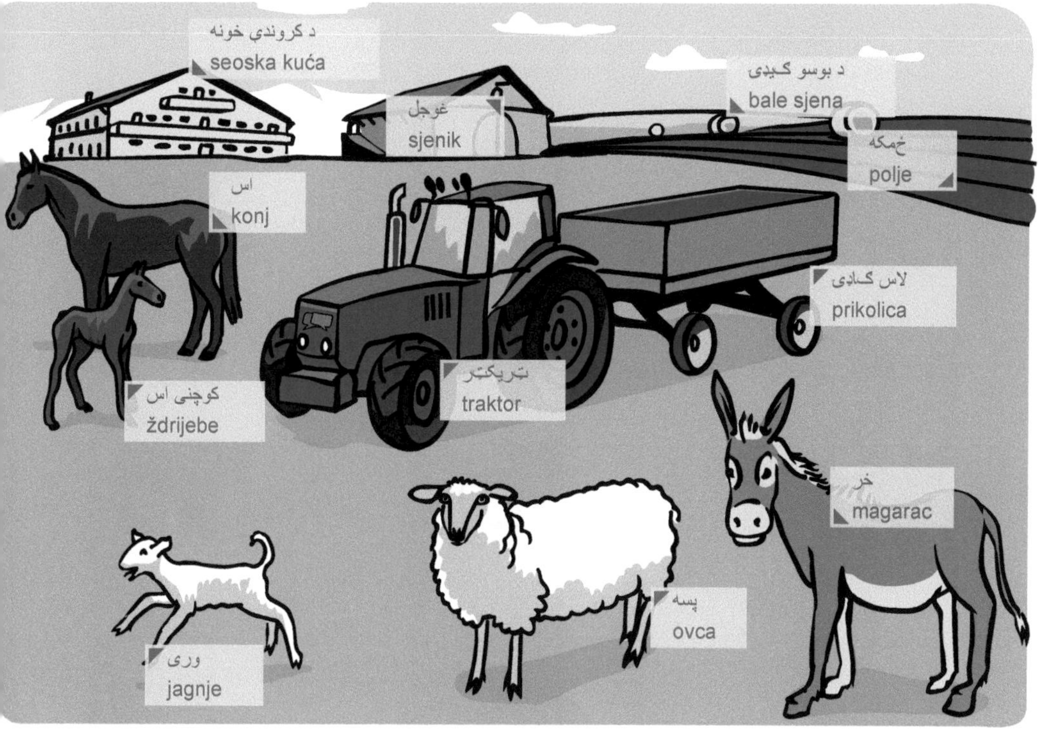

د کروندې خونه
seoska kuća
غوجل
sjenik
د بوسو ګېډۍ
bale sjena
ځمکه
polje
اس
konj
لاس ګاډی
prikolica
ټریکټر
traktor
کوچنی اس
ždrijebe
خر
magarac
پسه
ovca
وری
jagnje

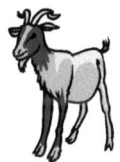

وزه

koza

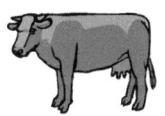

غوا

krava

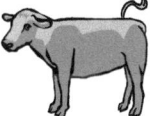

خوسکی

tele

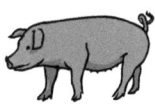

خوګ

svinja

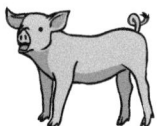

د خوګ بچی

prase

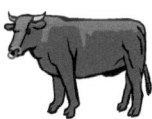

غویی

bik

بته

guska

هيلۍ

patka

چرگوړی

pile

چرګه

kokoška

بانګي

pjetao

سارای موږک

pacov

پيشک

mačka

موږک

miš

غویی

vol

سپی

pas

د سپي خونه

pseća kućica

د باغ هوز

crijevo za baštu

د اوبو لوخی

kanta za zalijevanje

لور (داس)

kosa

يوی

plug

کروندہ - seosko imanje

لور

srp

رمبی

motika

بشاخی

vile

تبر

sjekira

کراچی

tačke

ناوه

korito

د شیدو لوخی

bokal za mlijeko

جوال

vreća

کتاره

ograda

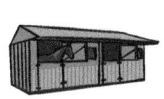

مضبوط

štala

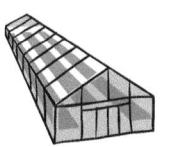

ښنه خونه

staklenik

خاوره

tlo

تخم

sjeme

سره/کود

đubrivo

کد ریبونکی ماشین

kombajn

زيرمه كول
....
kositi

درمند
....
žetva

خواږه كچالو
....
jam korijen

غنم
....
pšenica

سويا
....
soja

كچالو
....
krompir

جوار
....
kukuruz

نباتي تخم
....
uljana repica

د ميوي ونه
....
drvo voća

مانيوک
....
manioka

غله
....
žito

درشپه
dimnjak

یام
krov

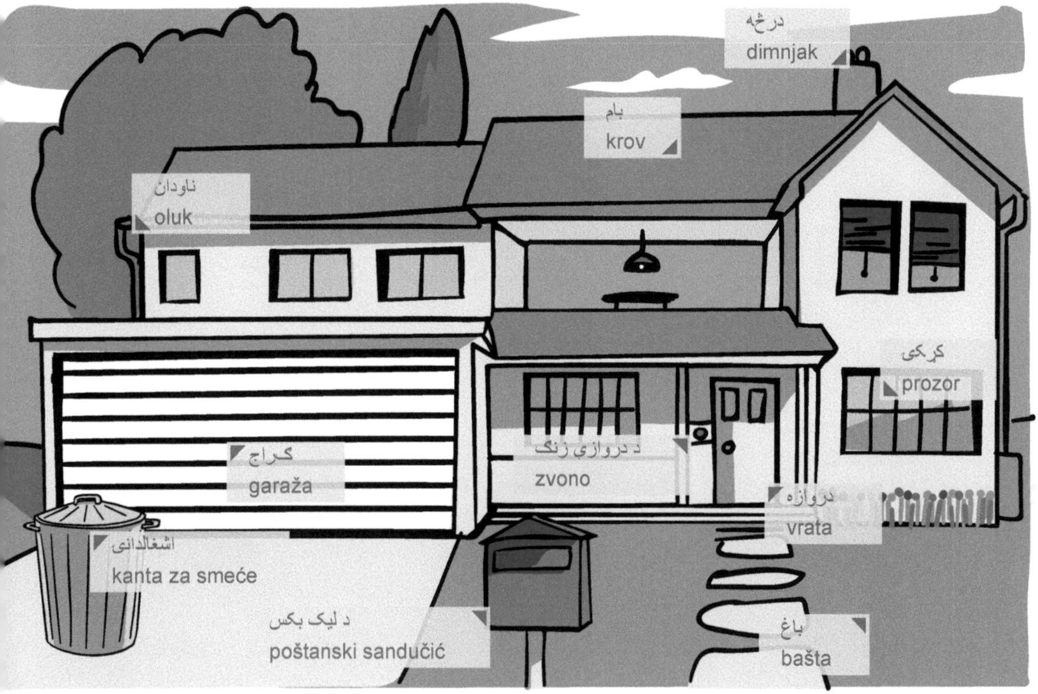

ناودان
oluk

کرکۍ
prozor

کراج
garaža

د دروازی زنگ
zvono

دروازه
vrata

اشغالدانی
kanta za smeće

د لیک بکس
poštanski sandučić

باغ
bašta

د أوسیدو خونه
....
dnevni boravak

حمام
....
kupatilo

پخلنځی
....
kuhinja

د ویده کیدو خونه
....
spavaća soba

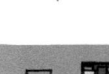

د ماشوم خونه
....
dječija soba

د خوارو خونه
....
trpezarija

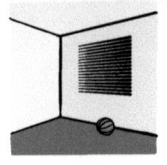

فرش

pod, tlo

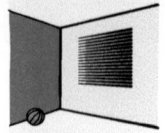

ديوال

zid

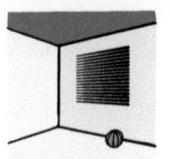

چت

plafon

زيرخانه

podrum

سونا

sauna

بالكوني

balkon

تراس

terasa

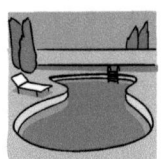

حوض

bazen

د چمن وهلو ماشين

kosilica

شيت

posteljina

روجايی

pokrivač

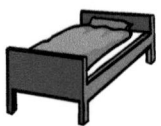

تخت

krevet

جارو

metla

بوكه

kanta

سويچ

prekidač

د اوسيدو خونه

dnevni boravak

والپیپر
tapeta
عکس
fotografija
لامپ
lampa
شيلف
polica
الماری
ormar
تلويزيون
televizija
نغری
dimnjak
گل
cvijet
بالښت
jastuk
صوفه
kauč
گلدانی
vaza
ريموټ کنټرول
daljinski upravljač

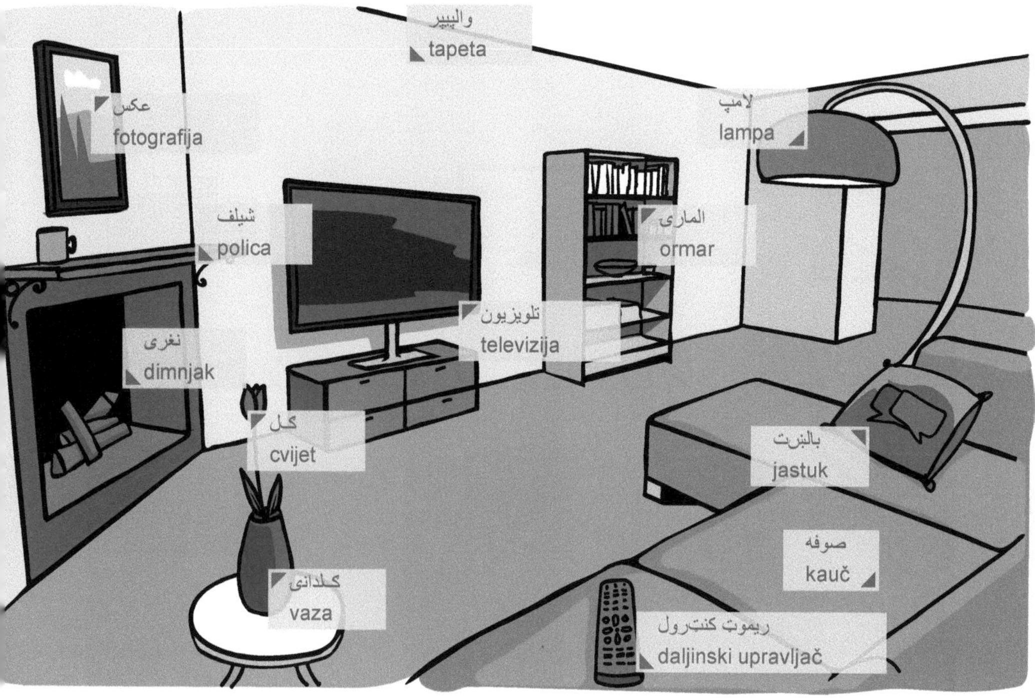

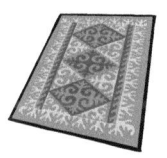

غالی

tepih

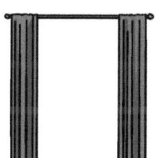

پرده

zavjesa

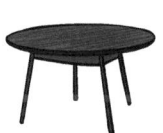

ميز

stol

چوکۍ

stolica

تاويدونکې چوکۍ

stolica za ljuljanje

بازو لرونکی چوکۍ

fotelja

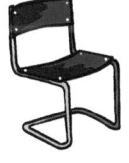

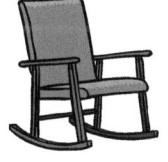

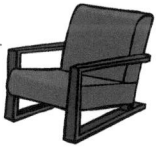

كتاب

knjiga

كمپل

deka

ديكوريشن

dekoracija

د اور لرګـي

ložno drvo

فلم

film

هايفاى

stereo uređaj

كلي

ključ

ورځپانـه

novine

نقاشي

umjetnička slika

پوسټر

poster

راديو

radio

كتابچه

blok za bilješke

واكيوم جارو

usisavač

كاكتوس

kaktus

شمع

svijeća

kuhinja

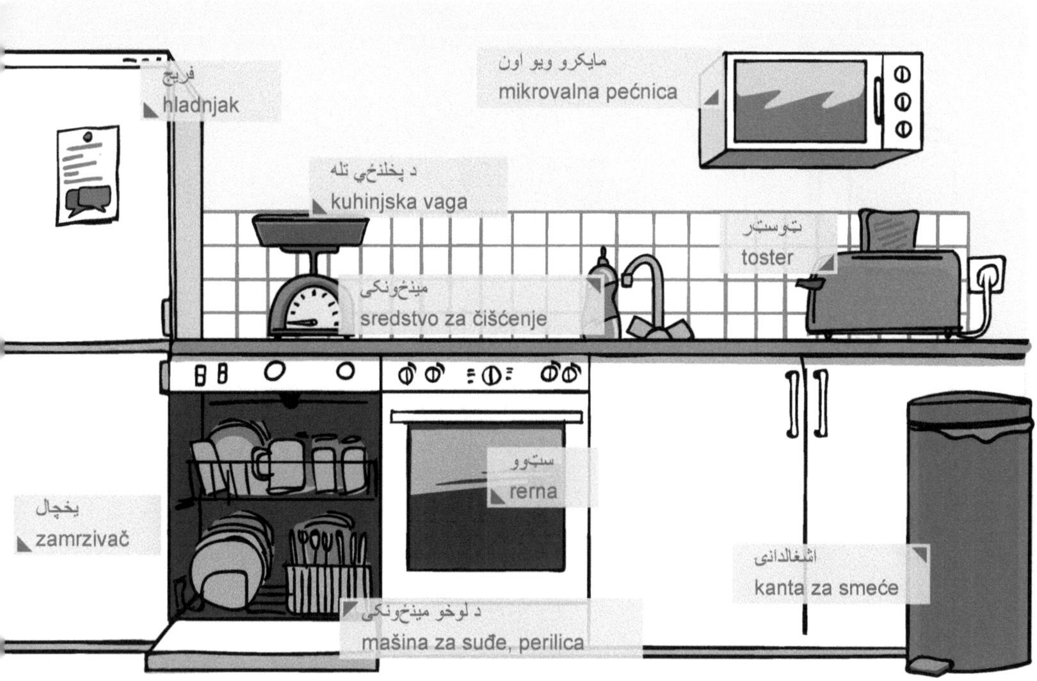

فریج
hladnjak

مایکرو ویو اون
mikrovalna pećnica

د پخلنځي تله
kuhinjska vaga

تـوسـتـر
toster

مینځونکی
sredstvo za čišćenje

ستـرو
rerna

یخچال
zamrzivač

اشغالدانی
kanta za smeće

د لوخو مینځونکی
mašina za suđe, perilica

دیگ بخار
....
peć

لوخی
....
lonac

چدني لوخی
....
metalni lonac

ووک
....
vok / kadai

د تلی په
....
tava, tiganj

چای جوش
....
kuhalo

د بخار دیگ

aparat za kuhanje na pari

پتنوس

lim za pečenje

لوخي

posuđe

مگ

šalica

کاسه

činija

د رانيولو اوزار

kineski štapići

څمڅی

kutlača

کفگیر

lopatica

پاکونکی

metlica za snijeg bjelanjca

صافي

sito za kuhanje

غلبیل

sito

کریتر

ribež

اونگ

avan s tučkom

بار بي کيو

roštilj

خلاص اور

ložište

تخته
daska

هوارونکی
oklagija

کارک سکریو
vadičep

تیم
konzerva

د تیم خلاصونکی
otvarač za konzerve

د لوخي ټوټه
krpe za lonac

ظرف شوی
sudoper

برس
četka

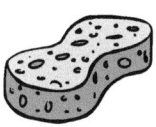

سپنج
spužva

بلیندر
mikser

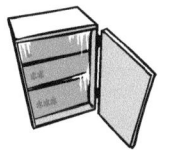

ژور یخچال
zamrzivač

د ماشوم بوتل
flašica za bebu

نل
slavina

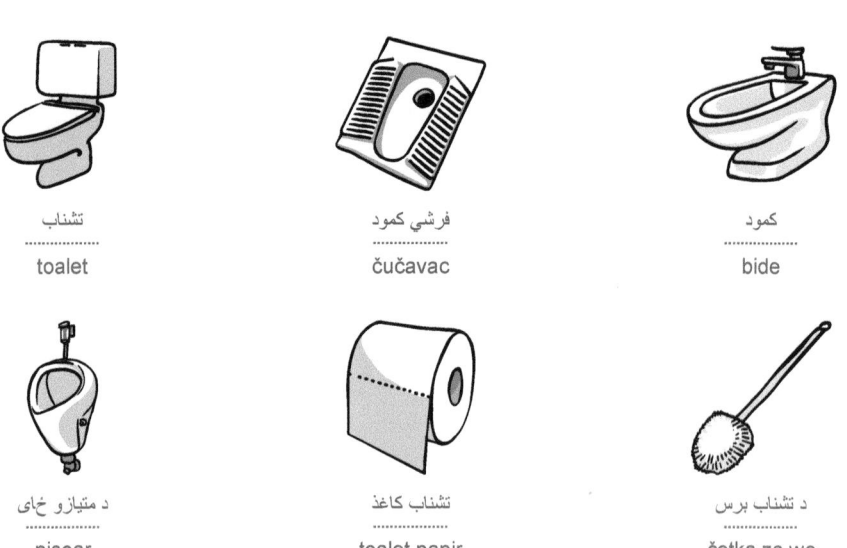

حمام
kupatilo

تودول
grijanje
شاور
tuš
جان پاک
peškir
د شاور پرده
zavjesa za tuš
ببل حمام
pjenušava kupka
د حمام ټب
kada
ګلاس
čaša
د مينځلو مشين
mašina za veš
نل
slavina
ټايلونه
pločice
يو ډول کموډ
dječja kahlica
ظرف شوى
sudoper

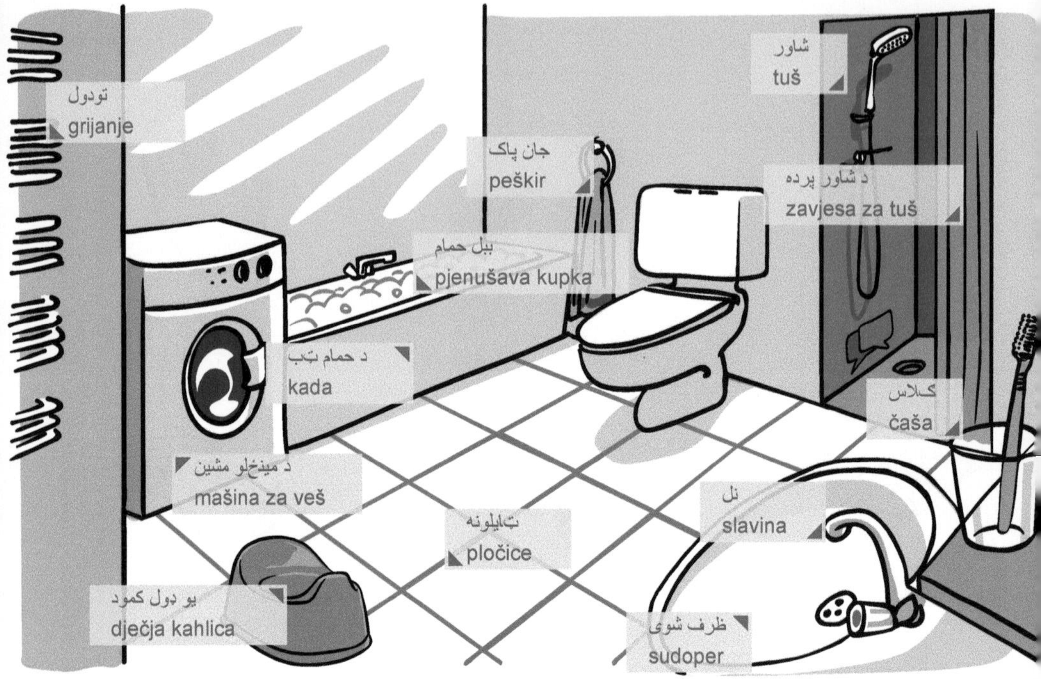

تشناب

toalet

فرشي کمود

čučavac

کمود

bide

د متيازو ځاى

pisoar

تشناب کاغذ

toalet papir

د تشناب برس

četka za wc

د غاښونو برس

četkica za zube

د غاښونو کریم

pasta za zube

د غاښونو نخ

zubni konac

مینځل

prati

لاسي شاور

tuš

دوش

intimni tuš

خانک

lavor

د شا برس

četka za leđa

صابون

sapun

د شاور ژل

gel za tuširanje

شامپو

šampon

فلانل جامه

krpe za pranje

وچول

odvod

کریم

krema

سپیری

dezodorans

آينه

ogledalo

لاسي آينه

ogledalo za šminkanje

ريزر

brijač

د خريلو فوم

pjena za brijanje

د خريلو وروسته

vodica poslije brijanja

كمذخ

češalj

برس

četka

د ويښتانو وچونكى

fen

د ويښتانو سپرى

sprej za kosu

ميک اپ

puder

ليپ ستيک

karmin

د نوكانو پالښ

lak za nokte

كاتن ورى

vata

ناخن گير

makazice za nokte

عطر

parfem

د مينځلو كڅوړه

kozmetička torbica

سټول

hoklica

د وزن كولو تله

vaga

د حمام پوښاک

kupaći ogrtač

د ربړ دستكش

rukavice za čišćenje

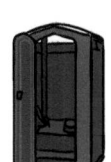

ټامپون

tampon

صحيى جان پاک

uložak za dame

كيميكل تشناب

hemijski toalet

dječija soba

د الارم ساعت
budilnik
د لوبو وسایل
plišana igračka
د ناټخکي موټر
auto za igru
ریټل
zvečka
د ناټخکو خونه
kućica za lutke
ډالی
poklon

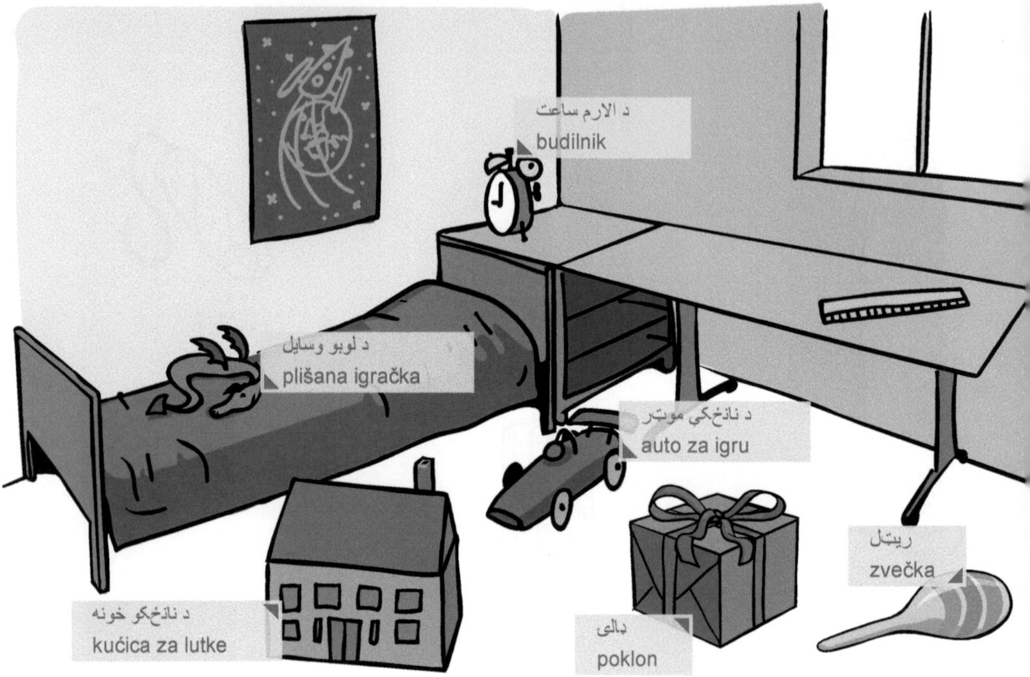

بالون
balon

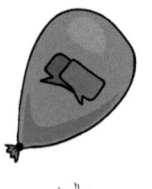

تخت
krevet

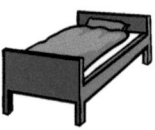

کالسکه
kolica za djecu

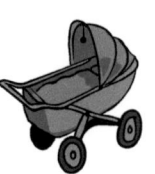

د لوبو ورقي
karte za igranje

جیگسا
puzle

SUPER
MEGA

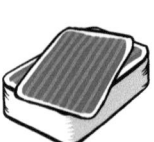

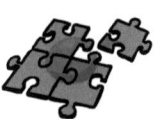

مسخره
strip

ليگو بريک

lego kockice

د ناذخکو بلاک

kockice za gradnju

د اكشن فيگور

akcione figure

د ماشوم پوښاک

benkica

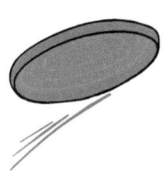

فريزبي

frizbi

موبايل

mobile

بورډ لوبه

igra na ploči

تاس

kocka

ماډل ريل سيت

miniatura željeznice

گونگشی

cucla

پارتي

zabava

د عكسونو البوم

slikovnica

بال

lopta

ناذخکه

lutka

لوبيدل

igrati

د ښکو کنده

pješćanik

سوينگ

ljuljačka

ناځخکي

igračke

د ويديو لوبو کنسول

konzola za igru

نترای سايکل

triciklo

ګوډکه

medvjedić

د کالو الماری

ormar

پوښاک

odjeća

جرابي

kratke čarape

لوړي جرابي

čarape

ټايټس

hulahopke

زروکی
šal

کمربند
kaiš

چتری
kišobran

تي شرت
majica kratkih rukava

بوت،ان
čizme

سلیپر
papuče

سنیکر
patike

سیندل
sandale

بوت،ان
cipele

د ربر بوت،ان
gumene čizme

زیرنیکري
gaće

سینه بند
grudnjak

واسکټ
potkošulja

بادي

bodi

پتلون

hlače

جينز

farmerke

لمن

suknja

بلاوز

bluza

شرت

košulja

بنيان

džemper

سويتر

majica

بليزر

sako

جاكت

jakna

کوټ

mantil

د باران کوټ

kišni mantil

پوښاک

kostim

كالي

haljina

د واده پوښاک

vjenčanica

دريشي

odijelo

د ښپې پوښاک

spavaćica

پاجامه

pidžama

ساري

sari

لوپټه

marama

پټکی

turban

برقه

burka

کفتن

kaftan

عبا

abaja

د لامبو پوښاک

kupaći kostim

نیکر

kupaće gaće

شارټ

kratke hlače

د خُغاستي پوښاک

trenerka

پیش بند

pregača

دستکش

rukavice

بټن

dugme

عینک

naočare

لاس بند

narukvica

غاړه کی

ogrlica

ګوتمه

prsten

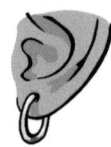

غوږوالۍ

naušnica

خولۍ

kapa

کوټ بند

vješalica

خولۍ

šešir

نتایی

kravata

ځنځیر

patentni zatvarač

هیلمیټ

kaciga

ترونګی

tregeri za hlače

د ښوونځي یونیفارم

školska uniforma

یونیفارم

uniforma

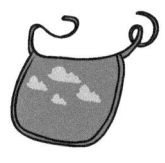

بیب

podbradak

ګونګشی

cucla

نیپي

pelene

دفتر

ured

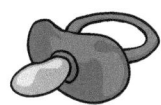

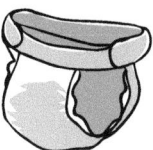

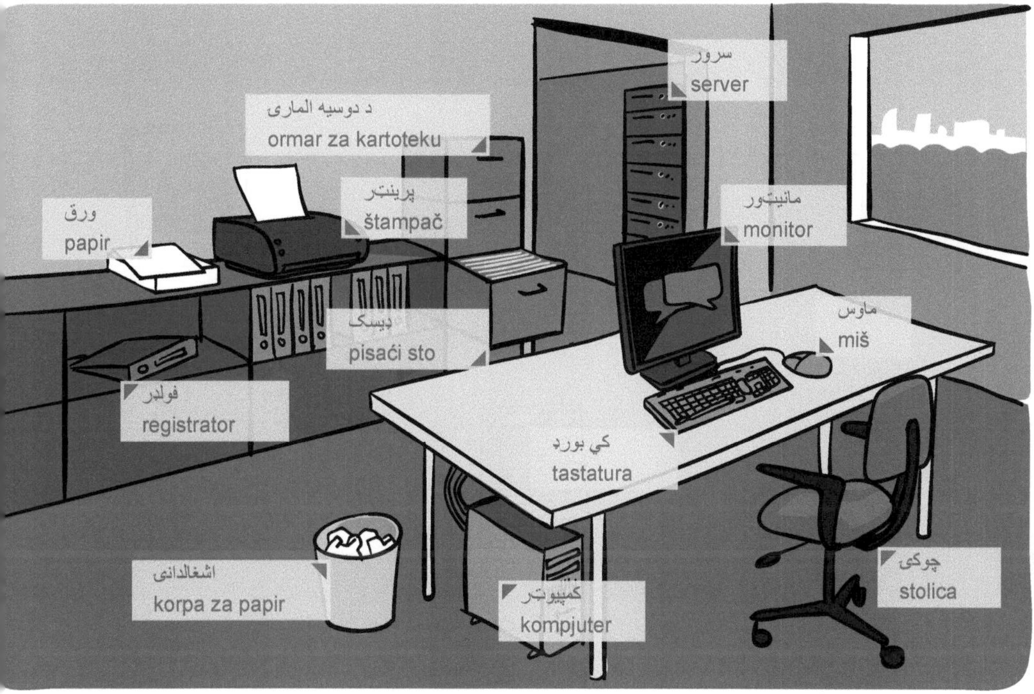

سرور
server
د دوسیه الماری
ormar za kartoteku
پرینټر
štampač
ورق
papir
مانیټور
monitor
ډیسک
pisaći sto
ماوس
miš
فولډر
registrator
کي بورډ
tastatura
چوکۍ
stolica
اشغالدانی
korpa za papir
کمپیوټر
kompjuter

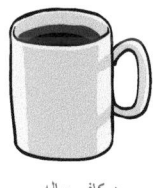

د کافي پیاله

šolja za kafu

کالکولیټر

kalkulator

انټرنیټ

internet

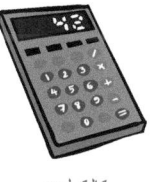

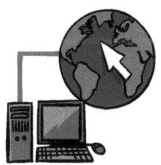

لپ ټاپ
....
laptop

لیک
....
pismo

پیغام
....
poruka

موبایل
....
mobilni telefon

نیټورک
....
mreža

فوټوکاپیر
....
aparat za kopiranje

سافټویر
....
softver

تلیفون
....
telefon

پلګ ساکټ
....
utičnica

فکس مشین
....
faks

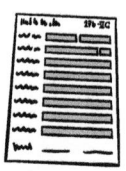

فارم
....
formular

سند
....
dokument

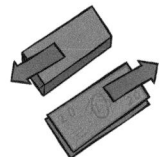

پیرل

kupovati

تادیه کول

platiti

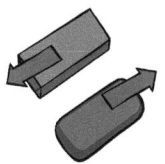

سوداګري کول

trgovati

پیسي

novac

ډالر

dolar

یورو

euro

ین

jen

ربل

rublja

سویسي فرانک

franak

رینمینبي یوان

renminbi jen

روپۍ

rupi

د نغدي پیسو څای

bankomat

د اسعارو د تبادلي دفتر

mjenjačnica

سره زر

zlato

سپین زر

srebro

تیل

nafta

انرژي

energija

نرخ

cijena

قرارداد

ugovor

مالیه

porez

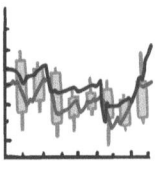

اسهام

akcija

کار کول

raditi

کارمند

službenik

کار ګومارونکی

poslodavac

فابریکه

fabrika

پلورنځی

radnja

مسلکونه

zanimanja

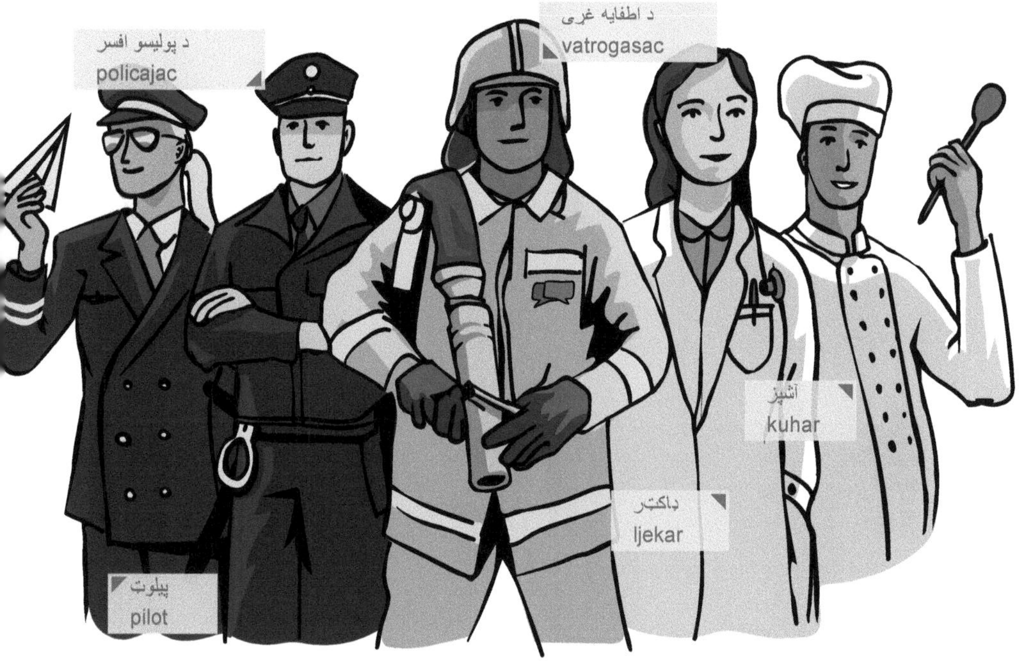

د پولیسو افسر
policajac
د اطفایه غړی
vatrogasac
آشپز
kuhar
ډاکټر
ljekar
پیلوټ
pilot

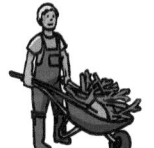

باغوان

baštovan

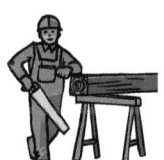

نجار

stolar

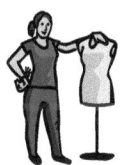

خیاط

krojačica

قاضي

sudija

کیمیا پوه

hemičar

د فلم لوبغاړی

glumac

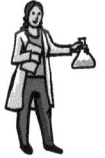

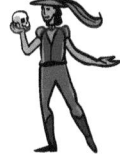

د بس ډرايور

vozač autobusa

د ټيکسي ډرايور

vozač taksija

کب نيونکی

ribar

خدمه

čistačica

بام جوړونکی

krovopokrivač

پيشخدمت

konobar

ښکاري

lovac

نقاش

moler

نانوا

pekar

د برېښنا کارکونکی

električar

تعمير جوړونکی

građevinski radnik

انجنير

inženjer

قصاب

koljač

نلدوان

limar, vodoinstalater

پوسټ رسونکی

poštar

سرتیری

vojnik

مهندس

arhitekta

صراف

blagajnik

مالیار

cvjećar

نایی

frizer

کلیندر

kontrolor

میکانیک

mehaničar

کپتان

kapiten

د غاښونو داکتر

zubar

ساینس پوه

naučnik

ښاغلی

rabin

امام

imam

مذهبي نفر

monah

پادري

sveštenik

لوازم
alat

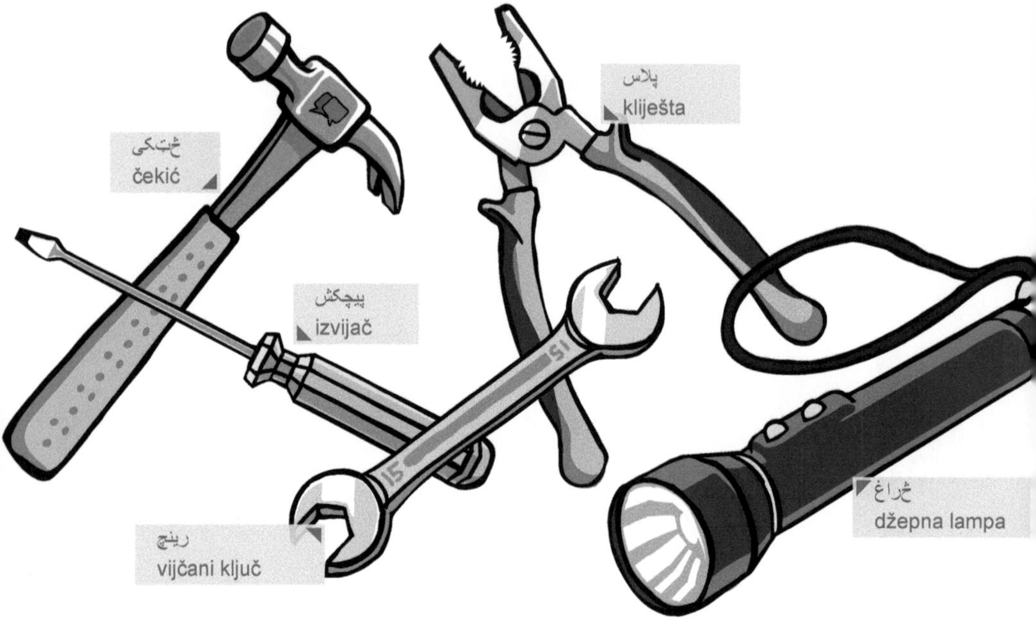

څټکی
čekić
پلاس
kliješta
پیچکش
izvijač
رینچ
vijčani ključ
څراغ
džepna lampa

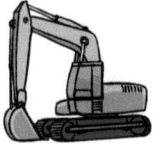

کنستونکی
....
bager

د لوازمو بکس
....
kutija sa alatom

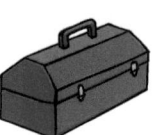

زینه
....
ljestve

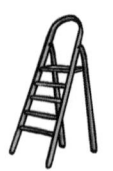

اره
....
testera, pila

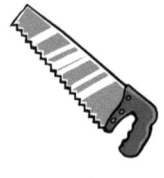

میخونه
....
ekser

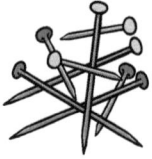

برمه
....
bušilica

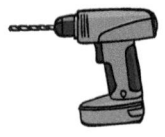

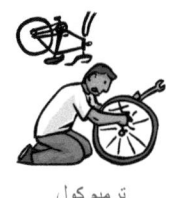

ترمیم کول

popraviti

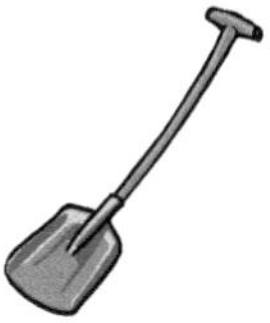

بیل

lopata

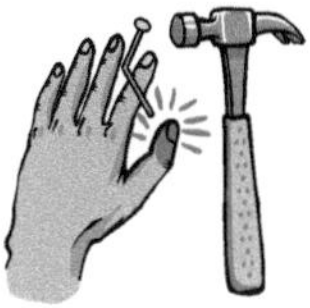

لعنت!

sranje!

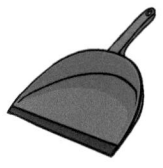

خاک انداز

lopatica

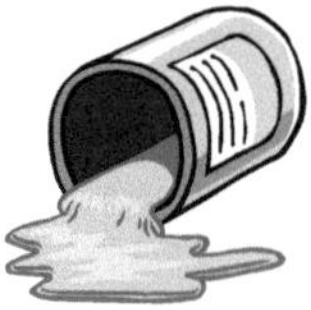

مشوانۍ

kanta boje

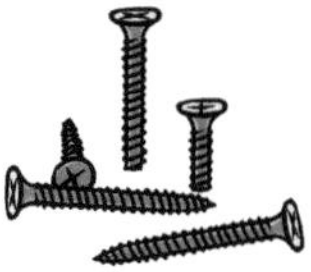

پیچونه

vijak

د میوزیک آلات

muzički instrumenti

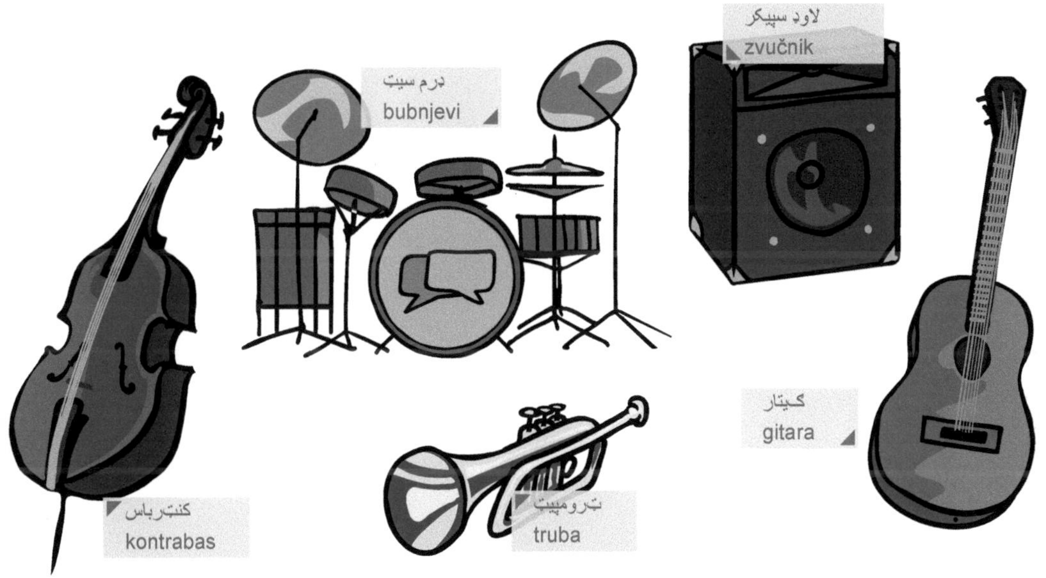
لاوډ سپیکر
zvučnik
ډرم سیټ
bubnjevi
ګیتار
gitara
کنټرباس
kontrabas
ټرومپیټ
truba

پيانو

klavir

وايلن

violina

باس

bas

نغاره

bubanj timpani

درمونه

bubanj

کي بورد

sintisajzer

سیکسافون

saksofon

شپيلی

flauta

مايکروفون

mikrofon

muzički instrumenti - د ميوزيک آلات

ژوبڼ

zološki vrt

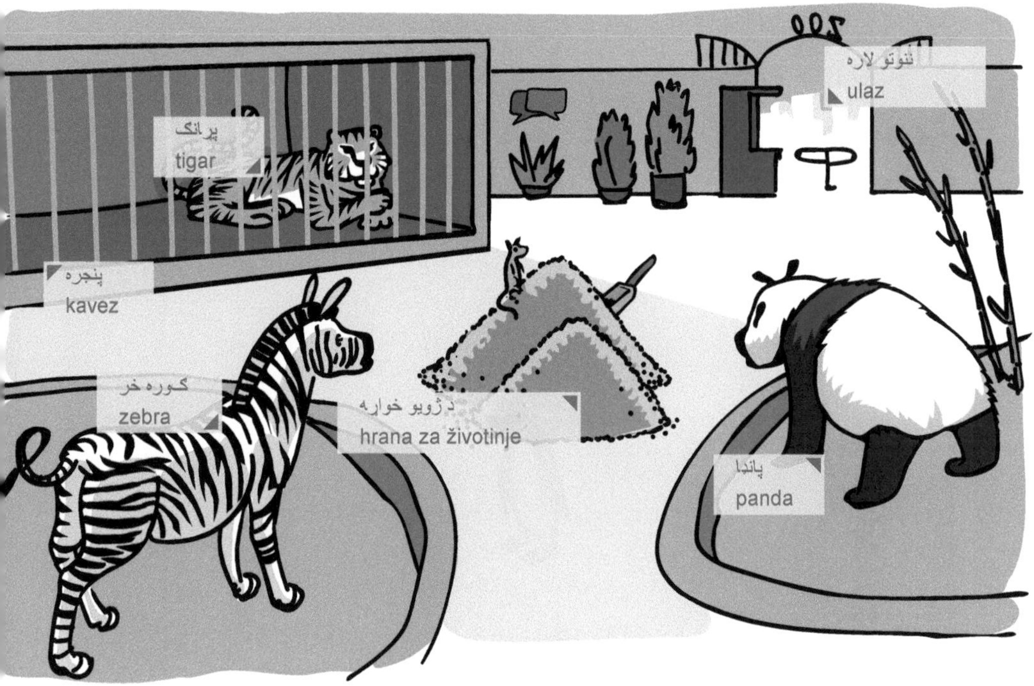

ننوتو لاره
ulaz
پړانګ
tigar
پنجره
kavez
ګوره خر
zebra
د ژويو خواره
hrana za životinje
پاندا
panda

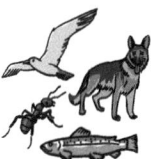

ژوی

životinje

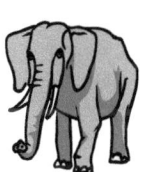

هاتي

slon

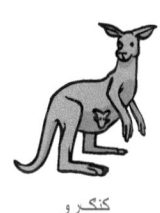

کنګرو

kengur

د اوبو اسپ

nosorog

ګوريلا

gorila

ایږه

medvjed

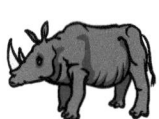

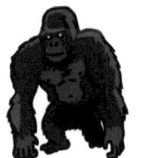

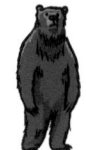

اوښ

kamila

 شترمرغ

noj

زمری

lav

بيزو

majmun

غزی

flamingo

طوطي

papagaj

قطبي ایږه

polarni medvjed

پینگوین

pingvin

شارک

morski pas

طاوس

paun

مار

zmija

تمساح

krokodil

ژوبن ساتونکی

čuvar u zološkom vrtu

سیل

tuljan

جگوار

jaguar

يابو

poni

پرانگ

leopard

هيپو

nilski konj

زرافه

žirafa

باز

orao

نرخوک

divlja svinja

کب

riba

ښمښتی

kornjača

سمندري نولی

morž

گيډره

lisica

هوسۍ

gazela

امریکایی فټبال
americki fudbal

سایکل چلول
vožnja bicikla

ټینیس
tenis

باسکیتبال
košarka

لامبو
plivanje

باکسینګ
boks

د کنګل هاکي
hokej na ledu

فټبال
....
fudbal

کسیزه
....
bedminton

د خغاستی لوبی
....
laka atletika

د هندبال
....
rukomet

سکي
....
skijanje

پولو
....
polo

فعالیتونه
aktivnosti

خندل
smijati se
ټوپ وهل
skakati
غاړه ورکول
zagrliti
ګرځېدل
ići
سندرې ویل
pjevati
خوب لیدل
sanjati
عبادت کول
moliti
مچو کول
ljubiti

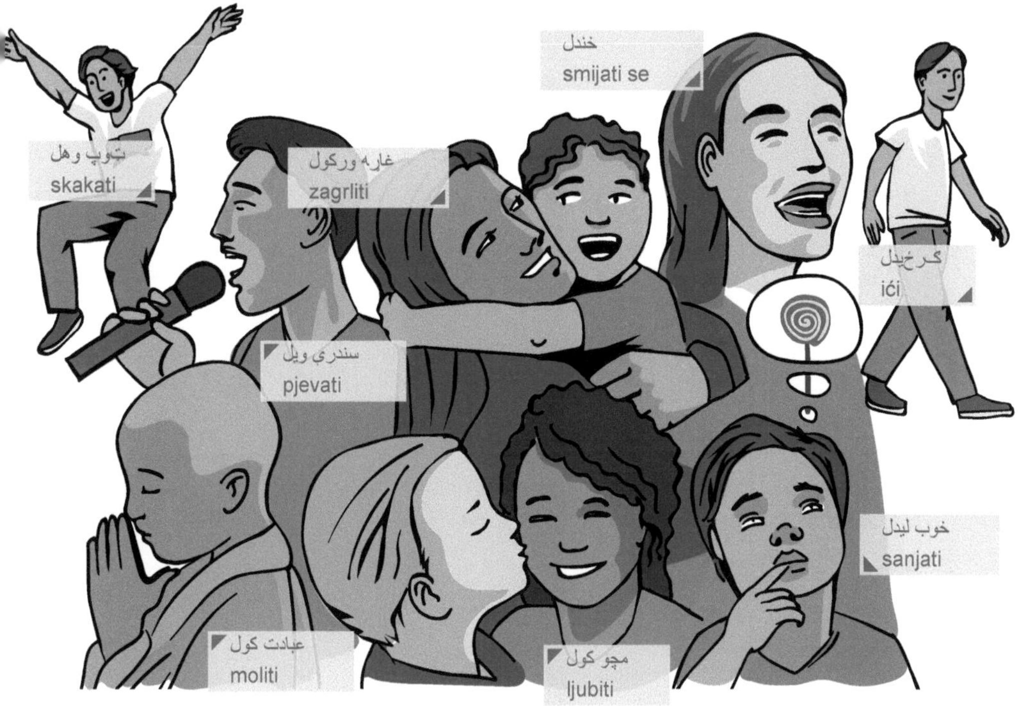

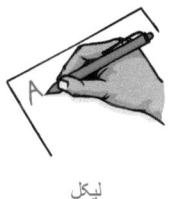

لیکل
....
pisati

کښل
....
crtati

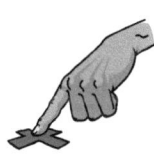

ښودل
....
pokazati

ټیله کول
....
gurati

ورکول
....
dati

اخیستل
....
uzeti

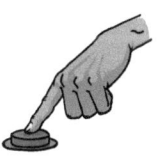

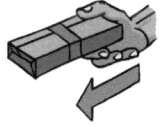

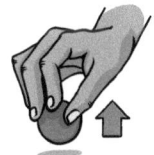

درلودل

imati

کول

raditi

پاييدل

biti

ودريدل

stajati

مندي وهل

trčati

راکښل

vući

ګوزارل

baciti

لويدل

pasti

څملاستل

ležati

انتظار کول

čekati

ورل

nositi

کښيناستل

sjediti

پوښاک اغوستل

obući

ويده کيدل

spavati

پاڅيدل

probuditi

كتل

pogledati

ژړل

plakati

بريد کول

milovati

ګمنځ کول

češljati

خبري کول

govoriti

پوهېدل

razumjeti

غوښتل

pitati

اورېدل

slušati

څښل

piti

خورل

jesti

پاکول

pospremiti

مينه کول

voljeti

پخلی کول

kuhati

موټر چلول

voziti

الوتل

letjeti

بېړۍ چلول

jedriti

حساب

računati

لوستل

čitati

زده کول

učiti

کار کول

raditi

واده کول

vjenčavti

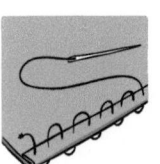

ګنډل

šiti

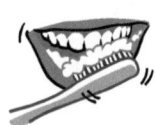

د غاښونو برس کول

prati zube

وژل

ubiti

سګرټ څکول

pušiti

لیږل

slati

فعالیتونه - aktivnosti

porodica

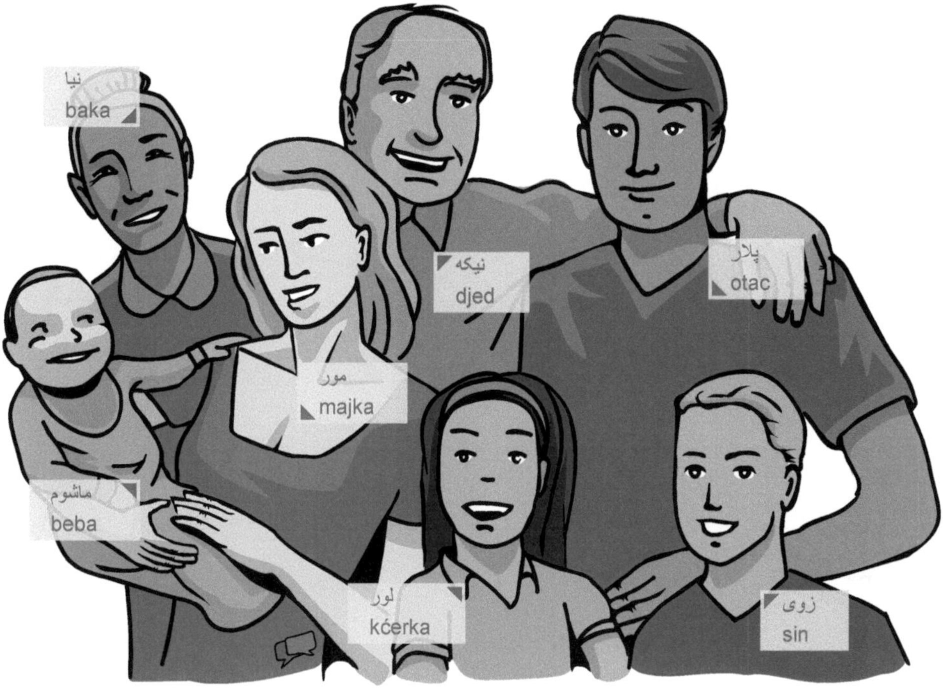
نیا
baka
نیکه
djed
پلار
otac
مور
majka
ماشوم
beba
لور
kćerka
زوی
sin

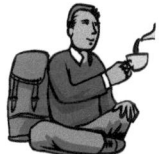

میلمه

gost

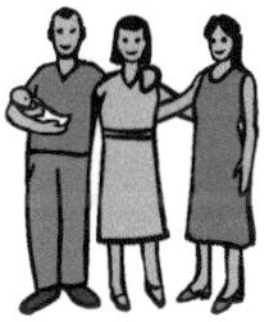

ترور

ujna, tetka, strina

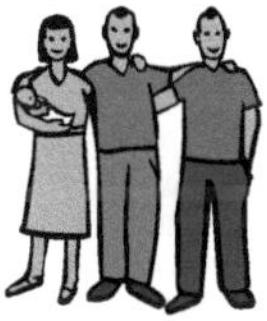

کاکا/ماما

ujak, tetak, stric

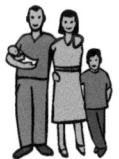

ورور

brat

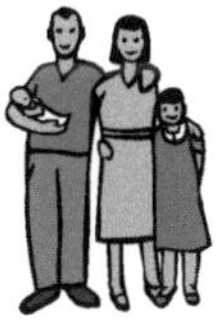

خور

sestra

بدن

tijelo

تندی
čelo
سترګې
oko
مخ
lice
زنه
brada
ګوته
prst
لاس
ruka, šaka
سينه
grudi
مټ
ruka
اوږه
leđa
پښه
noga

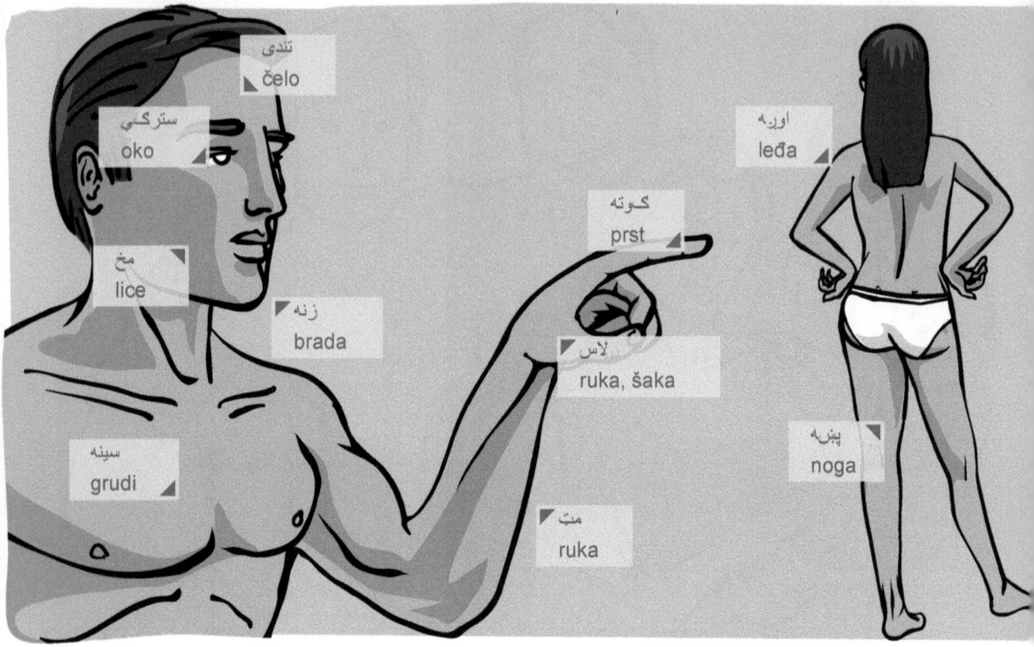

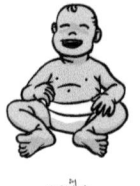

ماشوم
beba

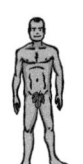

سړی
muškarac

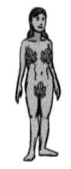

ښځه
žena

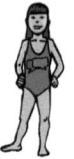

انجلۍ
djevojčica

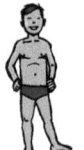

هلک
dječak

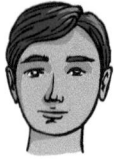

سر
glava

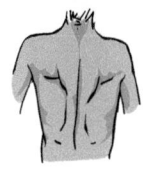

شا

leđa

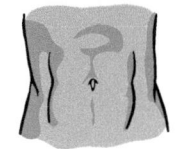

خیټه

stomak

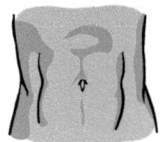

نوم

pupak

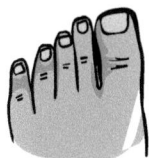

د پښي ګوته

nožni prst

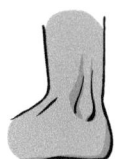

پونده

peta

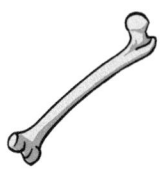

هډوکی

kosti

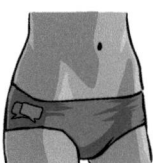

کوناتۍ

kuk

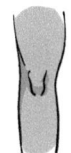

زنګون

koljeno

څنګل

lakat

پوزه

nos

لاندي برخه

stražnjica

پوستکی

koža

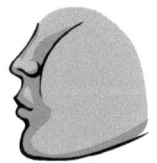

غومبوری

obraz

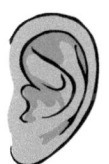

غوږ

uho

شونډه

usna

خوله

usta

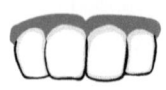

غاښ

zub

ژبه

jezik

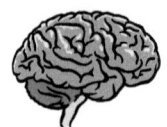

مغز

mozak

زړه

srce

عضله

mišić

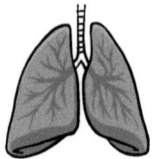

سږی

pluća

ځيګر

jetra

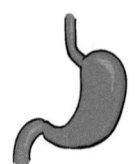

معده

želudac

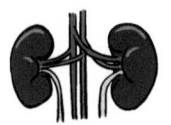

پښتورګي

bubreg

جنسي نږدي والی

spolni odnos

كاندوم

kondom

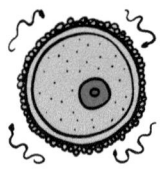

تخمه

jajna ćelija

مني

sperma

حمل

trudnoća

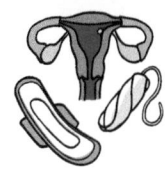

حيض

menstruacija

مهبل

vagina

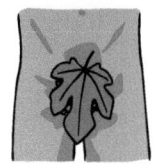

د نارينه تناسلي آله

penis

وروځی

obrva

ویښته

kosa

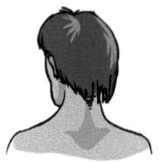

غاړه

vrat

روغتون

bolnica

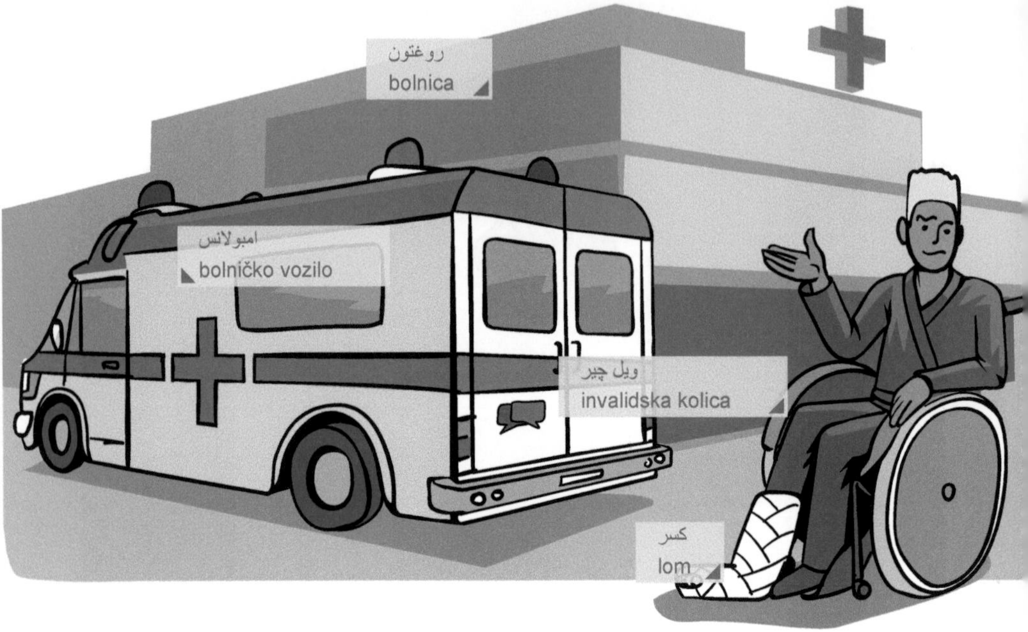

روغتون
bolnica
امبولانس
bolničko vozilo
ويل چير
invalidska kolica
کسر
lom

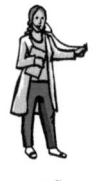

داکټر

ljekar

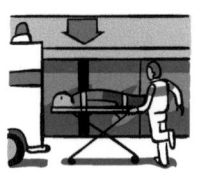

عاجل خونه

hitna služba

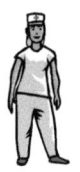

رنځورپال

medicinska sestra

عاجل

hitna pomoć

بې هوش

nesvjest

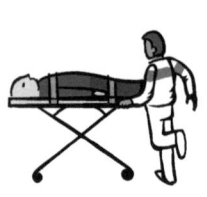

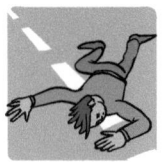

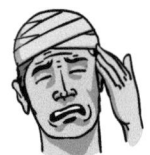

درد

bol

پت

povreda

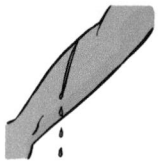

لدیوت ینیو

krvarenje

د زره حمله

srčani udar, infarkt

برض

moždani udar

حساسیت

alergija

توخی

kašalj

تبه

groznica

انفلوینزا

gripa

نس ناستی

proljev

سر درد

glavobolja

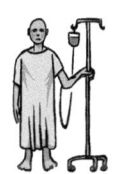

سرطان

rak

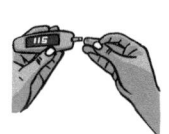

شکر

dijabetes

جراح

hirurg

سکالپل

skalpel

عملیات

operacija

سيتي‌نتي

CT

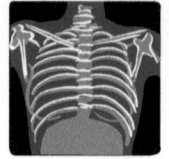

ایکس ری

rendgen

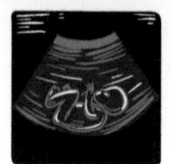

التراساوند

ultrazvuk

د مخ ماسک

maska

ناروغي

bolest

انتظار خونه

čekaonica

امسآ

štake

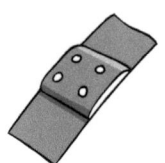

پلستر

flaster

بنداژ

zavoj

تزریق

injekcija

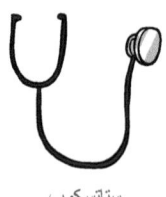

ستاتسكوپ

stetoskop

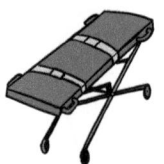

تسكيره

nosilo

كلينكي ترماميتر

termometar

زيدون

porod

زيات وزن

prekomjerna težina, debljina

د اوریدو مرسته

slušni aparat

د عفونیت څخه پاکونکي مواد

sredstvo za dezinfekciju

عفونیت

infekcija

ویروس

virus

ایچ.آی.وی/ایدز

HIV/ AIDS

درمل

medicina

واکسین

vakcinacija

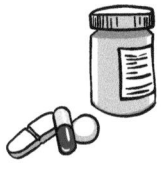

ت‌ابلیت‌س

tablete

گولی

pilula

عاجل تلیفون

hitni poziv

د وینې د فشار څارونکی

aparat za mjerenje pritiska

ناروغ/روغ

bolestan / zdrav

مرسته!

Upomoć!

الارم

alarm

يرغل

napad, prepad

بريد

napad

خطر

opasnost

عاجل لاره

izlaz u slučaju opasnosti

اورا!

Požar!

د اور وژونکی

vatrogasni aparat

پيښه

nezgoda

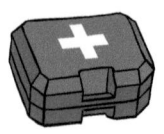

د لومړی مرستې لوازم

torba prve pomoći

ايس.او.ايس

SOS

پوليس

policija

اروپا

Europa

شمالي امریکا

Sjeverna Amerika

سهیلي امریکا

Južna Amerika

افریقا

Afrika

آسیا

Azija

آستریلیا

Australija

اتلانتیک

Atlantik

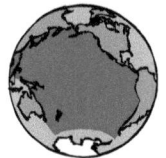

پاسیفیک

Pacifik

د هند بحر

Indijski okean

جنوبي منجمد بحر

Antarktički okean

د شمال قطب بحر

Arktički okean

شمالي قطب

Sjeverni pol

سهيلي قطب

Južni pol

انتارکتیکا

Antarktik

ځمکه

Zemlja

ځمکه

zemlja

بحر

more

ټاپو

ostrvo

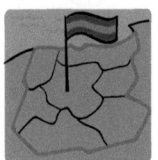

ملت

nacija

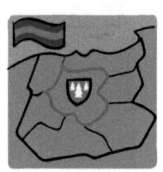

دولت

država

د مخي ساعت

brojčanik sata

د ساعت ستنه

kazaljka sata

د دقیقی ستنه

kazaljka minute

د ثانیی ستنه

kazaljka sekunde

څه وخت دی؟

Koliko je sati?

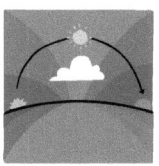

ورخ

dan

وخت

vrijeme

اوس

sada

دیجیتل ساعت

digitalni sat

دقیقه

minuta

ساعت

sat

sedmica, nedjelja

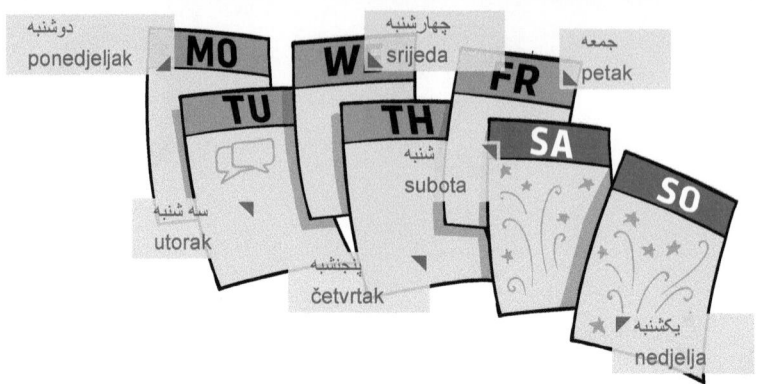

دوشنبه
ponedjeljak

چهارشنبه
srijeda

جمعه
petak

سه شنبه
utorak

شنبه
subota

پنجشنبه
četvrtak

یکشنبه
nedjelja

پرون
juče

نن
danas

سبا
sutra

سهار
jutro

غرمه
podne

ماښام
veče

MO	TU	WE	TH	FR	SA	SU
1	2	3	4	5	6	7
8	9	10	11	12	13	14
15	16	17	18	19	20	21
22	23	24	25	26	27	28
29	30	31	1	2	3	4

کاري ورځي
radni dani

MO	TU	WE	TH	FR	SA	SU
1	2	3	4	5	6	7
8	9	10	11	12	13	14
15	16	17	18	19	20	21
22	23	24	25	26	27	28
29	30	31	1	2	3	4

د اونۍ پای
vikend

کال
godina

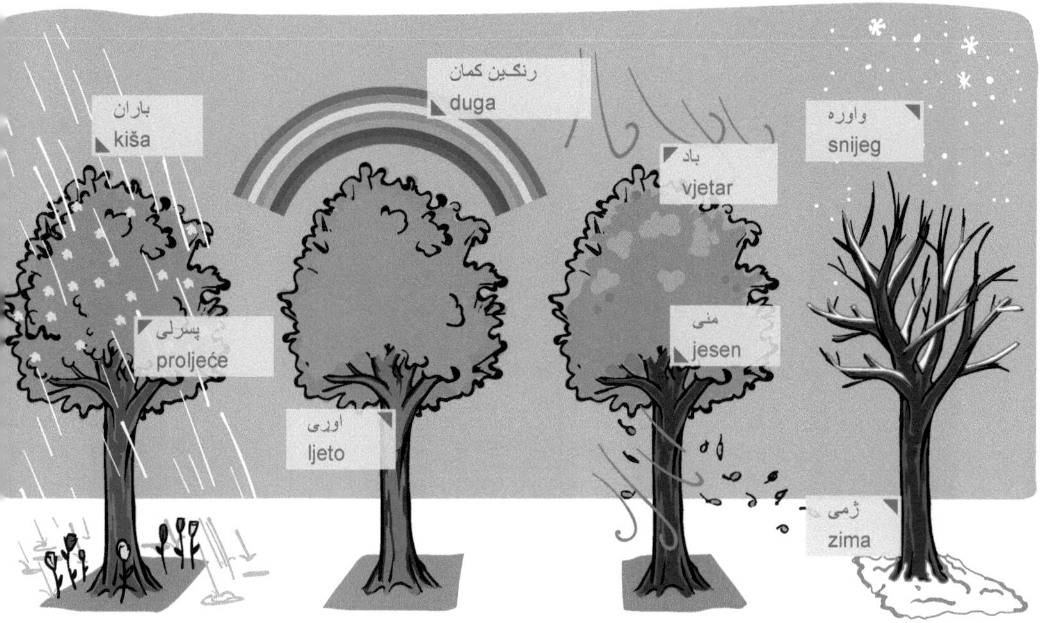

باران
kiša
رنگین کمان
duga
باد
vjetar
واوره
snijeg
پسرلی
proljeće
اوړی
ljeto
منی
jesen
ژمی
zima

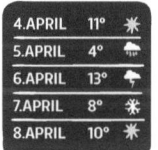

4.APRIL 11°
5.APRIL 4°
6.APRIL 13°
7.APRIL 8°
8.APRIL 10°

د موسم وړاندوینه
....
prognoza vremena

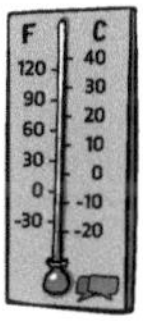

F C
120 40
90 30
60 20
30 10
0 0
-30 -10
-20

ترمومیټر
....
termometar

د لمر وړانګي
....
sunčev sjaj

وریځ
....
oblak

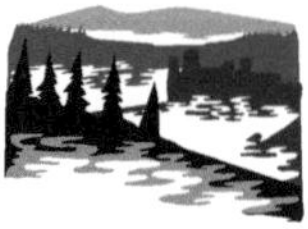

لړه
....
magla

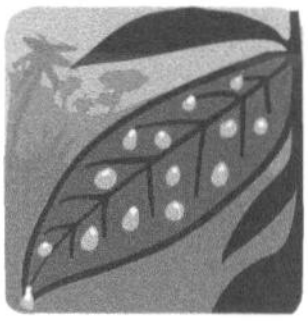

رطوبت
....
vlažnost vazduha

أنرب

munja

تندر

grom

توفان

oluja

برلى وريدل

tuča, led

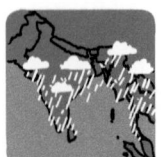

مون سون باران

monsun

سيلاب

poplava

يخ

led

جنوري

januar

فبروري

februar

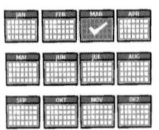

مارچ

mart

اپرېل

april

مى

maj

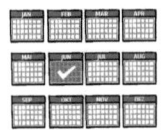

جون

juni

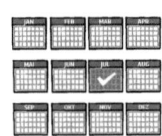

جولاى

juli

اګست

avgust

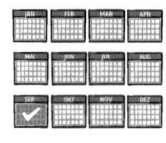

سپتّمبر
septembar

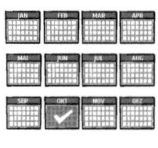

اكتوبر
oktobar

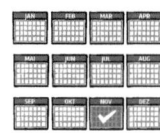

نومبر
novembar

دسمبر
decembar

شكلونه

oblici

دايره
krug

مربع
kvadrat

مستطيل
pravougao

مثلث
trougao

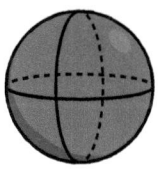

توپ
kugla

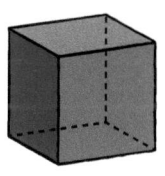

فال
kocka

سپين

bjel

ژير

žut

نارنجي

narandžast

ګلابي

pink

سور

crven

ارغواني

ljubičast

نيلي

plav

شين

zelen

نسواري

smeđ

خړ

siv

تور

crn

خورا ډیر/خورا لږ

malo / mnogo

قار/ارام

ljutit / miran

ښکلی/بدشکله

lijep / ružan

پیل/پای

početak / kraj

لوی/کوچنی

veliki / mali

روښانه/تیاره

svijetlo / tamno

ورور/خور

brat / sestra

پاک/ککر

čist / prljav

مکمل/نامکمل

potpun / nepotpun

ورخ/شپه

dan / noć

مړ/ژوندی

mrtav / živ

پراخه/نری

široko / usko

د خوراک وړ/نه خورل کیدونکی

ukusno / neukusno

بد/مهربان

zao / prijatan

پاریدلی/بی خونده

uzbuđen / dosadan

چاق/وچ

debeo / mršav

لومړی/وروستی

najprije / najkasnije

ملگری/دښمن

prijatelj / neprijatelj

ډک/تش

pun / prazan

سخت/نرم

trvd / mekan

دروند/سپک

težak / lagan

لوږی/تنده

glad / žeđ

ناروغ/روغ

bolestan / zdrav

غیرقانونی/قانوني

ilegalan / legalan

هوښیار/ساده

inteligentan / glup

کین/ښی

lijevo / desno

نزدی/لری

blizu / daleko

نوی/زور

nov / polovan

هیڅ/یو څه

ništa / nešto

بدا/ځوان

star / mlad

چالان/بند

uključeno / isključeno

خلاص/تړلی

otvoreno / zatvoreno

غلی/لور غږ

tiho / glasno

بډایه/غریب

bogat / siromašan

صحیح/غلط

tačno / pogrešno

زبر/ملایم

hrapav / glatak

خفه/خوښ

tužan / srećan

لنډ/اوږد

kratak / dug

سست/ګرندی

spor / brz

لوند/وچ

mokro / suho

ګرم/یخ

toplo / hladno

جګړه/سوله

rat / mir

brojevi

0 صفر nula	**1** يو jedan	**2** دوه dva
3 دري tri	**4** څلور četiri	**5** پنځه pet
6 شپږ šest	**7** اوه sedam	**8** اته osam
9 نهه devet	**10** لس deset	**11** يولس jedanaest

12
سولد
dvanaest

13
سيارلد
trinaest

14
ڤوارلس
četrnaest

15
پنخلس
petnaest

16
شيارس
šesnaest

17
وولس
sedamnaest

18
اتلس
osamnaest

19
نولس
devetnaest

20
شل
dvadeset

100
سل
sto

1.000
زر
hiljada

1.000.000
ميليون
milion

jezici

انګلسي

engleski

امریکایی انګلسي

američki engleski

چینایی مندرین

kinesko mandarinski

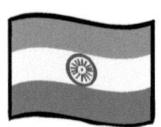

هندي

hindi

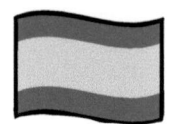

هسپانوي

španski

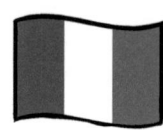

فرانسوي

francuski

عربي

arapski

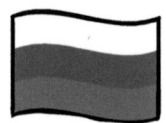

روسي

ruski

پرتګالي

portugalski

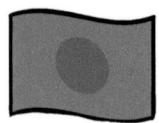

بنګالي

bengalski

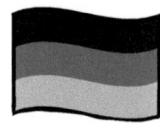

آلماني

njemački

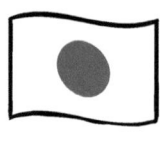

جاپاني

japanski

زه
ja

ته
ti

هغه/دغه/دا
on / ona / ono

مورږ
mi

تاسي
vi

دوی/بهغوی
oni

ژوک؟
ko?

ژه؟
šta?

ژنگه؟
kako?

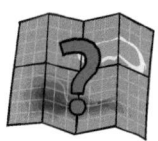

چیري؟
gdje?

کله؟
kada?

نوم
ime

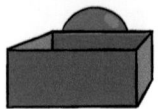

شاته
....
iza

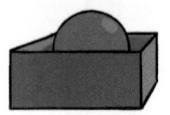

په
....
u

په مخه کي
....
pred

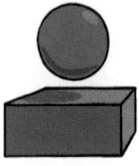

باندي
....
iznad

په
....
na

لاندي
....
ispod

برسيره پر
....
pored

ترمينځ
....
između

ځای
....
mjesto